教育と一般的指導の改善

保護者と教師の皆さんへ

野村鉦吉 著

黎明書房

はじめに

人が違えば考えの違いがあるのは当然であるが、一般的な指導と教育の改善が現在重要であると思う。

この本を読んで、もし良いと思われる点があれば、ぜひ試していただきたい。

「天地に道理あり、時失えば災い起こる。」

指導も教育もまた同じと言えるから。

願いとするところは、「犯罪者にならない人を育てて、その人の真心を魂と言えるまで養い育てること」である。

令和の時代になり、現代社会の有り様は、すばらしい生活ができ、何一つ不足がないように思えるが、反面、犯罪が多発してやりきれない思いでいっぱいである。

殺人をし、死体を山野や海に投げ捨てる。五十代、六十代の人までコンビニや銀行に強盗に入る。オレオレ詐欺事件が後を絶たない。それどころか道行く人を切りつけたり、親まで殺す者が出たり、わが子をたたきつけて死なせたり。放火する者、トラックで群衆へ突っ込み一緒に死ぬ人を求める者など、実にいまわしい犯罪が日夜報道されている。

この他にも、過激な映像、怒りの叫び、踊り狂う場面、交通事故の多発、暴力行為、虐待事件から、いじめに至る悲しい報道が絶えない日々でもある。

自分も他人も同時に不幸にしてしまう犯罪行為がなぜ発生するのか、その対策はどうしたら良いかの改善点を追求したい。ともかく、人は欲望を持つが、同時に理性も持っている。この理性こそが自分と人々を幸せに導くものであるが、理性が働かないとか、反省してみるという点で不十分な人々が多い結果、犯行に及んでしまうと言えよう。

本書を書くにあたり、徳川家康公が一生の旗印としてかかげた、『厭離穢土《えんりえど》、欣求浄土《ごんぐじょうど》』（けがれた世の中を直し、清く美しい世の中にする）の心を参考にさせていただきたいと思う。

目次

目　次

＊イラスト・さやん。

一　教育の失敗

幼稚園、小学校、中学校、高校、大学と教育は多額の費用をかけて行われているにもかかわらず、犯罪者が多発しているということは、教育で一番大切な道徳心を持った人間にする教育が失敗していると言える。

知識と技能を教えても、犯罪者になるようなら教育と言えない。何事にも原因と結果は因果応報、自業自得となる。であるから、現行の教育の仕方の改善がどうしても必要である。

教師や指導の立場にある先輩にとって、児童、生徒、部下の中から犯罪者が出るようなら、教師、指導者、先輩としての価値も誇りもない。なんのかんばせありやと言いたい。

二　命について

一、命は現在の科学で知り得るところでは、この地球上にしか存在しない。宇宙広しと言えどもである。ならば、尊きものであると言える。

二、いかなる命も大自然からのさずかりものである。

三、自分から生まれたいと願って生まれてきた命は一つもない。だから命は天与のものである。

四、命は自然の法則（摂理）の中にある。あらゆる動植物が『弱肉強食、優勝劣敗、適者生存、栄枯盛衰、弱者敗退、自然淘汰《とうた》、滅亡』という厳しい法則の支配を受けている。あらゆる歴史、今日の外交、生活等すべてこの法則の支配下にあると言える。そして、河川の堤防、草原、森林に至るまでどこにも見受けられることである。

五、命は新陳代謝をする。体の必要とするものを取り入れ、いらないものを体外に排出する。空気、水等もあるが、主として草木や獣肉という他の生物体の一部とか、命そのものを奪う行為になると言える。

六、命は欲望を感じ、衣食住を満たしていくのに、無限の事柄に対処する。気に入るものを選択するが、選ぶ上で誤りを犯さないことが大切である。

七、命は西田幾多郎博士の言われる『絶対矛盾的自己同一』である。心は善悪、利他と我欲、良心・理性と不精《ぶしょう》・放埓《ほうらつ》という両面の矛盾を、だれでも一身にいつもかかえている存在だからである。

三　人道について

一、地球に軌道があるように、人間にも歩むべき道がある。「自分の幸福と他人の安全を同時にもたらす道」を歩むべきで、これが人道であると思う。

二、人の歩むべき道は、持って生まれた本能の中に見ることができる。本能は、

A・自己保存

B・種族保存

C・社会保存

D・時代への適応力

を備えているからで、この機能を満たす行為が人道であると言えよう。

そして、わかりやすく示している言葉が戦前に使われた教

育勅語《ちょくご》の中にある。

『父母に孝に、兄弟《けいてい》に友に、夫婦相和《あいわ》し、朋友相信じ、恭《きょう》倹《けん》己を持し（恭倹とは、人に対してはうやうやしく、自分自身は慎み深く振る舞うこと）』とあるが、古今を通じての名言であり、これこそ人道である。

太平洋戦争による敗戦は、過去のすべてを否定しがちであったが、良いところは生かしていくように思い直すべきである。

四　夢を育てよう

人が人道を歩むようにするには、その人の夢を語らせ、その人の夢を理想にまで高めてやることが第一に重要である。理想を持てば努力することができるから。

その人の心に浮かぶことが、些細《ささい》なことでも、つまらないようなことでもよい。まず心胸《しんきょう》を開いて話してもらうことが始めである。

だれでも現在希望することが必ずある。それをそのまま尊重して意識させたい。

過大な希望でも、取るに足らないと思うものでもよい。本人の願いこそが夢であり、希望である。

そして、その願いこそ本人が持つべき理想への出発点である。

罪を犯しやすい人は、日頃願いや夢をあまり意識しないで、行き当たりばったりの日を送っている。罪を犯さないようにするには、心に願いや夢をあたため、目標として意識するようになればよい。

その願いは、はかなくてもよい。その夢を、外に出て太陽に向かい念じてみるようにすすめたい。太陽は明るさと元気さを与えてくれるから。

五　生きる上での原点を置く

人が生きていく上で、根本に吉田松陰の次の言葉を据えて原点としていきたい。

『志を立てて、もって万事の源となす』

『夢なき者に理想なし、理想なき者に計画なし、計画なき者に実行なし、実行なき者に成功なし。故に、夢なき者に成功なし』

である。

六　理想のあり方は

その人その人の夢は異なるがそれでよい。ここでは福澤諭吉の言葉に従って進めたい。それは『世の中で一番楽しく立派なことは、一生涯を貫く仕事を持つことである』。

この言葉が実現化するように養育すべきである。

どんな分野でも、どの仕事でも奥は深い。だから努力に努力を重ねるべきである。

伝教大師最澄《さいちょう》の言う『一隅を照らす者は国の宝なり』である。

一般的には、なんとなしに、深い考えもなく、また仕方なく職を選んで、時流に流される人が多いが、何か一つ専門家と言われる人になるように導くべきである。

七　天才と凡才について

幼少より運動能力、鋭敏な音感、絵画力、記憶力などを示す者は、それを伸ばせばよい。

親や周囲の環境にもよるが、一般的には、このような天才は少なく、なんとなく暮らしていってしまう者が多い。もったいないことである。

凡才の者には一点に集中して専門家になるように育てあげることが大切である。

郵便はがき

料金受取人払郵便

名古屋中局
承　認

3000

差出有効期間
2022年1月
15日まで

460-8790

413

名古屋市中区
丸の内三丁目6番27号
（EBSビル8階）

黎明書房 行

購入申込書

●ご注文の書籍はお近くの書店よりお届けいたします。ご希望書店名をご記入の上ご投函ください。（直接小社へご注文の場合は代金引換にてお届けします。2500円未満のご注文の場合は送料800円，2500円以上10000円未満の場合は送料300円がかかります。〔税10％込〕10000円以上は送料無料。）

（書名）	（定価）　円	（部数）　部
（書名）	（定価）　円	（部数）　部

ご氏名　　　　TEL.

ご住所 〒

ご指定書店名（必ずご記入ください。）	取次・番線印	この欄は書店または小社で記入します。
書店住所		

愛読者カード

—

今後の出版企画の参考にいたしたく存じます。ご記入のうえご投函くださいますようお願いいたします。新刊案内などをお送りいたします。

書名	

1. 本書についてのご感想および出版をご希望される著者とテーマ

※上記のご意見を小社の宣伝物に掲載してもよろしいですか？

□ はい　□ 匿名ならよい　□ いいえ

2. 小社のホームページをご覧になったことはありますか？　□ はい　□ いいえ

※ご記入いただいた個人情報は，ご注文いただいた書籍の配送，お支払い確認等の連絡および当社の刊行物のご案内をお送りするために利用し，その目的以外での利用はいたしません。

ふりがな
ご氏名　　年齢　歳
ご職業　　（男・女）

（〒　　）
ご住所
電　話

ご購入の書店名		ご購読の新聞・雑誌	新聞（　） 雑誌（　）

本書ご購入の動機（番号を○で囲んでください。）

1. 新聞広告を見て（新聞名　）
2. 雑誌広告を見て（雑誌名　）
3. 書評を読んで
4. 人からすすめられて
5. 書店で内容を見て
6. 小社からの案内
7. その他（　）

ご協力ありがとうございました。

八　凡才の者の導き方

一般的な人を一点集中して専門家になるように導くには、その人物の個性を調べ、その人物の持つ環境と、身につけている習性（くせ）と理想とするものとの関係から、方向を定め競争意識を持たせるべきである。

ただし、習慣として身についているものは無意識に現われ、意外に強く、抜けがたいものであるから、方向を定める際には注意が必要である。

九　人は個性の通りにしか生きられない

わかりやすいのは、戦国時代の信長、秀吉、利家、家康の生き方である。信長は急進的で旧習を打破し、秀吉は明るく巧みに人心を見抜いて方法を編み出し天下人となり、利家は無理をせず穏当な方法をとり加賀百万石を残し、家康は忍耐強く人情を温めて成熟を図って二百七十年にわたる江戸時代を築き上げた。

この四人とも天与の個性通りに生きたのであり、他の生き方はできなかったようである。

現代においても、持って生まれた性格を生かせばよく、猿まねでは成功するまで続かない。

時代の傾向や環境の影響は昔も今もあるから、結局は自分の個性の通りに生きるしか仕方ないとも言える。

人は生まれた時から血液型が決まっており、O型、A型、B型、AB型の四種ある。それぞれO型の英雄タイプ、A型の内省タイプ、B型の感覚タイプ、AB型の合理タイプがある。これは『血液型人生論』(能見正比古著)によって分類したものである。

個性を特定し、生かしていくために、その個人の持っている特性を知る上で必要なことは、その人物の生年月日である。特に生まれ年、生まれ月が参考になる。

春夏秋冬をそれぞれ前段階、真ん中、後段階と、一つの季節を三分割して詳しくみると、十二か月になる。

月別に生まれた人の性格とか傾向について五千年にわたる伝承が西洋占星術の本に述べられている。牡羊座《おひつじざ》、牡牛座《おうしざ》、双《ふた》子座《ござ》、蟹座《かにざ》等々である。

生まれ年の持つ性格は、子《ね》、丑《うし》、寅《とら》、卯《う》、辰《たつ》、巳《み》、午《うま》、未《ひつじ》、申《さる》、酉《とり》、戌《いぬ》、亥《い》の動物になぞらえて、人々に示されている。これらの年の生まれ年の人の性格とか傾向は毎年刊行されている高島暦に記載されている。

これらの記述は長年にわたる統計にもとづいているから信用したい。占星の書も易断の書も実に驚くほどよく当たり、それがほぼ正しいことを示していることを知る。そして利用するべきだと思う。これらは人類の立派な文化遺産である。「当たるも八卦《はっけ》、当たらぬも八卦」「非科学的」と否定する考えが一般的のようであるが間違っていると思う。

自分はこのような性格だから、この点に注意し、この分野に生きるのが得策であると自覚できれば人生を大きく発展させる力となるからである。

個性は生物が何億年もの間、寒暑に耐え適応してきたために身につけてきたものであろう。

小さい花でも驚くほどの美しい色や形を持っていて、それぞれの特徴を示している。

人間においても、発生以来、地域の環境に順応してきた結果身についた傾向を持つに至っているのである。寒暖の差、高低、水陸の地形等様々な差異に直面して、それに順応してきた傾向を性格の中に持つに至っていると思う。

地球が軌道を回る時の流れの中で、宇宙からの引力や排斥力などの影響も絶えず体に受けてきている。天与の摂理によって身についてきたそれぞれの差異が個性と思う。

因果応報、自業自得の世の中であるから、人がうまく社会に適応するには、その人の持つ個性を生かし『得手に帆を揚げて』進めるような分野に導くが良い。個性を見極める必要がここにある。

十　目に見えない好みの道

筆者は退職後三十年以上過ぎたが、毎年教え子たちが同級会を開いて、先生、先生と言って招待してくれている。そのような学級が二つある。一方は小学校で、もう一方は中学校で担任した学級である。

同級会や同年会ばかりでなく、別に数人が毎年宴会をもうけていてくれる。家を出るところから帰り着くまで送り迎えしてくれて、その上お土産までつけてくれるのが年中行事になっている。

これには有り難く教師冥利に尽きる思いがしている。これらの人々との間には温かい心のつながりがあり、一生消えないと思う。

このようなクラスの中から、教師よりはるかに偉い人になる成功者が出るが、これが「出藍《しゅつらん》の誉《ほま》れ」で県議会議長、市長、大寺院の僧正などになっていて自分の誇りでもある。

この事は、筆者のホラを吹くためでなく、人間関係には目に見えないけれど、どうしてもそのようになっていく道筋があると思うから記すのである。

その年度に生まれた人々が持つ特有の好みがあり、磁石が常に南北を示してしまうように、好みのある方へと歩きだしてしまうと言えるのではないか。恋愛においても自分の好みに合うから成立するのであり、教育や指導においても、その人間、その集団の持つ好み、傾向があり、それが合えば成功しやすい。

辰《たつ》年の教師が辰年生まれのクラスや子弟の教育に当たれば、不思議にも無意識にすることまでとんとん拍子にうまくいきだす。丑《うし》年の教師が丑年の子らを指導するとか、午《うま》年の先輩が午年生まれの子や集団を導く場合にも、同様の成果が得られると思う。

逆の場合もある。

学校においても、一般社会においても指導者と被指導者の相性が合わないことがある。学級であれば学校嫌いになりやすい。一般社会では転職したくなりがちである。

好みと嫌いの感情は非常に鋭敏で直観してしまう。好みと嫌いのどちらでもない場合もある。

教師も一般社会での指導者も相性の合わない場合にうまく対応しなければ指導者として失格である。この矛盾をどう乗り越えたらよいだろうか。

それには相手の好みや傾向を尊重し理解を示すことが第一である。相手の好みや欲望を理解して、よいことであれば褒めて勇気づけ居心地よくしてやるがよい。居心地悪ければ指導内容を受け付けないからである。

教師も指導的立場にある人もぜひとも機会をつかみ、試してみていただきたい。

十一　個性や集団の傾向のつかみ方

個性に合わないことは、労多くして、しかも成功しない。個性を知る方法として以下の三つがある。

(1) 血液型の持つ性格

血液型を知ることが大切である。その人物がA型かB型かO型かAB型であるかを。

A型の者は、内省的で心配性。

B型の者は、感覚的でやわらかで温かみがある。

O型の者は、英雄的で指導性がある。

AB型の者は、合理的で堅実性が高いと言える。

(2) 生まれ年の持つ性格

子《ね》年の人は、よく働き、社交性と柔軟性を備えている。

丑《うし》年の人は、忍耐強く、頑固であり、安定と所有を求める。

寅《とら》年の人は、何事にもチャレンジし、また人を引きつける力をもち、行動力も大きい。
卯《う》年の人は、礼儀正しく、自分に厳しく安定した人である。
辰《たつ》年の人は、プライドが高く、負けることが嫌いで短気だが、成功する人も多い。
巳《み》年の人は、冷静で慎重な人、内面強気で企画力、発想力に富み、お金に困らない。
午《うま》年の人は、真っすぐに進み、社交性があり、人脈を築く、陽気な性格である。
未《ひつじ》年の人は、人情を重んじ優しい。人と争わないが、強い意志をもつ慎重な人である。
申《さる》年の人は、機転がきき、発想力にすぐれ、素早く積極的で、成功するが計算高い。

酉《とり》年の人は、せっかちでよく喋るし、明るく社交的で重宝がられるが、浪費しがちなので注意が必要である。

戌《いぬ》年の人は、正義感が強く、まじめで慎重。一度決めたら曲げない信念を持っている。

亥《い》年の人は、独立心が強く、突進型で人情も厚い。我慢強くよく困難に耐える。

(3) 生まれ月の持つ性格

三月二十一日から四月二十日に生まれた人が牡羊座《おひつじざ》の人である。この人は、積極的に、あるいは独断的に動き、スピードに乗るのが好きである。

四月二十一日から五月二十一日に生まれた人は牡牛座《おうしざ》の人。

安全と所有財産を求め、温良で従順さを持つ。愛情の心も強い。

五月二十二日から六月二十一日に生まれた人は双子座《ふたござ》の人。二心を持ち、雄弁で臨機応変に動き、商人的な方向に向いている。

六月二十二日から七月二十三日に生まれた人は蟹座《かにざ》の人。防衛的で敏感、保護と保育の心が強く、家庭愛が強い。また、次々と新しいものを作り上げていく力を持っている。

七月二十四日から八月二十三日に生まれた人は獅子座《ししざ》の人。創造的で元気、明るい性格で、炎のような情熱を持つ。短気で寂しがり屋でもある。

八月二十四日から九月二十三日に生まれた人は乙女座《おとめざ》の人。綿密で批判的であり、嫌いな人にはひどい苦痛を与えることがある。経理の才能にすぐれており、潔癖で、不完全・不潔を憎む人である。

九月二十四日から十月二十三日に生まれた人は天秤座《てんびんざ》の人。要領よく受動的である。公平な判断をする。気品と美を保ち中庸を歩む人である。

十月二十四日から十一月二十二日に生まれた人は蠍座《さそりざ》の人。慎重で秘密的に動く。一発で敵を倒す力を秘めており、影の魅力があり、裏面を見抜く人である。

十一月二十三日から十二月二十二日に生まれた人は射手座《いてざ》の人。自由にスピーディに動く。まじめさと享楽の間を矢のように動く楽天家である。

十二月二十三日から一月二十日に生まれた人は山羊座《やぎざ》の人。

困難に耐え、強靭な精神でとことん追求して成果をあげる人である。また、社交術にすぐれている。

一月二十一日から二月十九日に生まれた人は水瓶座《みずがめざ》の人。合理的客観的で判断力にすぐれている。ノーベル賞を受ける人もこの中に多い。

二月二十日から三月二十日に生まれた人は魚座《うおざ》の人。夢想的、飛躍的に思考しやすく、神聖と不浄の二面性を持つ人である。

※以上は、西洋占星術の書を参考にしている。五千年以上にわたる遊牧民が伝えてきたもので、非常によく当たるので適用した場合驚くことが多い。人類の文化遺産と言えよう。

十二　職業の勧め方について

無職で先に希望を持てない者とか、自暴自棄やひきこもりの者には、適職を探し、その職について働く意欲を持つように導いてやりたい。

「六　理想のあり方は」の項で述べたように、一生を貫く職業につかせるにはどうしたらよいであろうか。

(1)　本人の性格や習慣的なくせや傾向をつかむ。

(2)　本人の夢や希望を聞きだしてつかむ。

(3)　多くの職種を示して、好むものを選ばせる。

(4)　多くの職種を示すには、市販されている「易《えき》」の本に掲載されているから参考にするとよい。

十三　生きる価値の認識

職につくことが、自分の願いや、個性に合っていると本人が思えることが大切である。家業を継ぐ気のある者はそれでよい。選んだ職業は本人の生計を支える収入があり、同時に自分のためにも他人や世間のためにもなるものでなければならない。

その職につき、自分が生きることが、同時に自分の理想に生きることだと思えた時、自分の生活は価値のあることだと認めることができる。背骨に一本筋金が通ったような堂々たる気が生まれる。

だから、職を勧める場合、本人が生きることに価値があると思えるように導きたいものである。

自分の尊さを知る時、人の大切さ、人の「基本的人権」の存在も実感できる。

十四　天命使命の感得

その職につき、自分が生きることが、同時に自分の理想に生きることで、自分の生活には価値がある、だから自分の生活は尊いと思う。

この尊いという意識を持てば、生きることに自信と勇気が生まれてくる。この意欲をだれにも持たせたい。

自分が尊い者だと思う時、人には尊さというものがあり、それを「基本的人権」と言っていることが納得できる。この認識がないと、この言葉は単なる標語としか思っていないことになってしまう。

自分の尊さがわかると、その尊さは自分が創造したものでなく、命は自然からいただいた、すなわち天から与えられたものだと思えてくる。天が私に「人道に生き抜け」と命令されているのではないか。これは私に対する天の命令であると、生きる使命を感じだす。この天命使命を感得すると俄然自分の心の中に、太い柱となって貫き、勇気と自信が湧いてきて、態度も堂々としてくるから不思議である。

できることなら、だれもが天命使命を感じてほしいものである。この世に偉業をなし遂げた人たちは、自分の感得した使命感で貫き通してきたのではなかろうか。

十五　祈りと唱《とな》えについて

自分が理想とすることを天与の使命として実現したい時、天地自然の恵みを受けてこそ実現できる。この願う気持ちが祈りとなり、唱《とな》えをすることが多い。

偉大な事業をなし遂げた偉人たちは、祈りの言葉を口ずさみながら実行している。

徳川家康は、日に何万回も南無阿彌陀佛と唱えており、小指の爪ほどの大きさの漢字で南無阿彌陀佛と書き続けた。静岡県の久能山にその証拠が残っている。

また一遍上人の声明《しょうみょう》や、日蓮上人が南無妙法蓮華経と常時唱えておられたことも有名である。

祈りの言葉は使命と思う行いから離れずに進む上で、不可欠のものと言えよう。『念ずれば花開き、行《ぎょう》ずれば実は熟《う》れる』

から。

祈りはキリスト教でもイスラム教の言葉でもかまわない。神や大自然への祈りの心を持った人に育てることが大切である。祈りの気持ちで生きる人は罪を犯さないと思う。真心、誠の心で生活しているからである。

自分の理想とすることを実現するために、心が集中して離れないためには、刻々と過ぎゆく瞬時にこの祈りの言葉を唱えていることが実現への大きな支えとなるのである。

※南無阿彌陀佛の「南無」とは身も心も捧げますという「帰依《きえ》」するという意味である。

十六　人間関係について

㈠　養育は人間関係の良し悪《あ》しがその成否を分けると言える。信頼し従おうと直観的に思えるならよいが、どうものがれたいと思えるようなら成功はおぼつかない。
学校の教員の場合、児童生徒が先生を好いている、信頼している、期待しているようなら良い教師である。期待されていないとか煙《けむ》たがられているようなら教員失格である。

㈡　学校は楽しい所でなければならない。指導は時に厳しく激しい場合であっても明るく前進できる思いを持たせるものでなくてはならない。児童生徒が教師のことを、私たちを守り愛していてくれると感じていれば良い教師であり、養育の成果をあげることができる。

職場の先輩が後輩を指導する場合も、後輩が先輩を信頼しておれば容易に望むことを身につけてくれるが、逆に嫌っているようでは成果はあがらない。

㈢　直観とは実に鋭いものである。教師にとっても先輩にとっても、この信頼を得るもとは愛であろう。対象とする児童生徒や後輩の幸せを心から願って行動している時に自然に醸《かも》し出されるものを直観はとらえてしまうからと言える。

㈣　しかし努力しても、愛の心で接していても、背を向けられたり、相手が当方の嫌がる態度をとり続ける場合がよく起こる。全くやりきれない思いで悩むことがある。

理由もなく相手が空々しいとか嫌な態度をとるのは、お互いの相性が合わないからである。

磁石のNとNを合わせようとするとパッと離れるが、Nに

Sを近づけるとスッと引き合う。これと同じことが人間関係で起こる。

だれでも好きな雰囲気と嫌いな雰囲気を個性として持っている。恋愛関係も好きな雰囲気で引かれ合うから成立し、嫌いな雰囲気には見向きもしない。

教育の場合、これは重大な問題である。教師の持つ雰囲気とクラスや集団の持つ雰囲気や傾向が好き合うものなら、面白い程次から次へと良い事がころがり出てくる。逆に嫌いな雰囲気に合うと、児童も生徒もそっけなく他人行儀で無気力な態度をとったり、反抗的になったりする。

だから良い教育指導をするために、教師は、心の通いにくい場合、そっけない態度をとられる場合、反抗的やいたずら、いじめなどをしている場合などを乗り越える教育技術を持っている必要がある。

それには児童生徒、後輩それぞれの持っている性格や傾向を調べて知っておくことが第一で、第二はその性格や傾向にピッタリ合う相性のものを次の頁の表から取り、試していくが良い。

十六　人間関係について

人には目に見えないが何となく引かれるとか好ましい感じがする道筋があるように思える。また反対に嫌な方向や道筋があり、避けたくなると思えてくる道筋があるように思う。個人においても、クラスや集団においても同様に、目には見えないが好き嫌いの道筋があり、それが成否を分けていくの

表　十二支別相性（△は中吉）

子年生まれ	申年、辰年、丑年の人が吉
丑年生まれ	巳年、酉年、子年の人が吉
寅年生まれ	午年、戌年、△亥年の人が吉
卯年生まれ	亥年、未年、戌年の人が吉
辰年生まれ	申年、子年、酉年の人が吉
巳年生まれ	酉年、丑年、△申年の人が吉
午年生まれ	寅年、戌年、未年の人が吉
未年生まれ	亥年、卯年、午年の人が吉
申年生まれ	子年、辰年、△巳年の人が吉
酉年生まれ	巳年、丑年、辰年の人が吉
戌年生まれ	寅年、午年、卯年の人が吉
亥年生まれ	卯年、未年、△寅年の人が吉

※この表は高島易断所本部編纂『令和二年神宮館高島暦』23頁に掲載されている。

ではなかろうか。

このような易《えき》は「当たるも八卦《はっけ》、当たらぬも八卦」という諺《ことわざ》になっているが、本田宗一郎氏の言う『人生は見たり聞いたり、試したりだ！　一番大切なのは「試したり」だ。やってみもせんで何がわかるか！』と、この考えで進んでいきたい。

十七　犯罪者の心理について

いつの時代にも犯罪者は必ず生まれるものである。自然は弱肉強食、優勝劣敗、適者生存、栄枯盛衰、弱者敗退、自然淘汰、滅亡の連続をくり返しているから、生命を持つ者に障害は必ず起きてくる。

幼稚園、小中学校、職場等でも「いじめ」は必ず起きてくる。その対策をとっておく必要がある。

犯罪者の一般的傾向とはどうであろうか。生育の過程で愛に恵まれず、ひどい仕打ちを受けたり、他人と比べて貧しく、みじめな思いをして育っている。正業につかず金もなく、ストレスをためこんでいて、やけくその気持ちを持ち、「どうにでもなれ！　俺の勝手だ」と、自分の責任を感じない。気晴らしにギャンブルにのめりこんだり、あとは野となれ山となれ式で、暴力をふるったり、引きこもったりもする。

豊かで物があふれているこの社会は犯罪行為をしやすいと言える。だからこそ犯罪者を作らないで、心を立ち直らせる指導はこの社会にとって重要事項と言えよう。

十八　犯罪者を作らない指導法

哲学者カントは、『実践理性批判』の書に「わが上なる星の輝く空と、わが内なる道徳律」と説いたと聞く。

地球が軌道を進むように、人は道徳を備えた人道を歩むように指導したいものである。

自分に良く、世間の人々にも良いという両面を備えた行動こそが人道と言える。

自分の持つ夢や理想に生きることが同時に人々のために良いから「尊い」と思えれば、自尊心が湧いてくる。そして勇気も持てる。

この自尊心を育てるには、その人間の良いところを見付けて、褒めてやるのが良い。人前で褒められると自信を持つようになる。褒められると人が変わりだす。さらに褒められるように行動するようになるから大切なことである。

この褒めることが集団的に行われると大きな効果を生む。よく知られている「全国縄跳大会」での優勝をめざす時、要所要所で褒めることで、一致団結、一糸乱れず努力に努力を重ねだす。また箱根駅伝で母校の名誉をかけて優勝せんとする場合にも集団として意欲と自尊心を生みだす。音楽コンクールも同様である。

小中学校においてもよく見受けられる方法である。全市内の学校参加の作品展の出品物製作にあたり、質量ともに最優秀賞を取ろうと全員が帰宅も忘れ、親が心配して迎えにくる程に熱中する場合、オリンピックの金メダルを取ろうとするのに似てくる。

教師は自分の担任する学級に、学校にこのような盛りあがりがあるか無いかを検討してみてほしい。「一人はみんなのために、みんなは一人のためにがんばろう」とか「〇〇の県大会で優勝しよう」などのスローガンがクラスに欲しい。望ましい目標に向かって一致団結し進んでいるようならよい学級よい学校である。逆ならつまらぬ学級や学校であると言えよう。

そして一般の職場においても同様で、心合わせた盛りあがりの有無で良と不良の判断ができると思う。何をどのように個人にも集団にも褒めたりすすめたりしたらよいかは、前述の「十一　個性や集団の傾向のつかみ方」の項を参照していただきたい。

十九　無職・引きこもり・暴力的な人への対応

他人に比べて金もなければ衣食住にも困る人はストレスがたまり、やけくそと思いつくままに、自分にも他人にも不幸を生み出す行為をしてしまいがちである。善悪の別も考えない。

人間である以上、理性や良心を必ず持っているが、理性を働かせたり、良心で行動する経験もなく、行き当たりばったりの生活をしてしまう人がある。このような人が罪を犯しやすい。

このような無職、引きこもり、暴力的な人にはどのような対処をしたらよいであろうか。

A　それにはその人の性格を調べる

人は自分の気に入ることには注意もするが、気に入らないものには逃げようとする。それも直観的瞬時に判断してしまう。気に合わないことをいくら押し付けても成功しない。

その人の相性のよい分野を調べ、提示して関心を持たせることが第一である。

Ｂ　その人の夢や願いを聞いてやる

現実的であろうと非現実的な発言でもよい。

Ｃ　その人の相性のよい人の行動や事例を示してやり、関心をもたせる

本人が好むだろう事例を幅広く聞かせる。その上で自分が尊敬して目標とする偉人はだれか決めさせる。

Ｄ　法然上人の教えを伝える

『ひたすら自分を信じなさい。自分を信じる力以外に何もないのだから。天からさずかったこの命、このままでよいと自分を信じなさい』と。

E　そして、本田宗一郎氏の言葉を伝えるがよい

『好きなことをして生きろ！　お前のやりたいことをやれ！　人生は見たり聞いたり、試したりだ！　一番大切なのは「試したり」だ。やってみもせんで何が分かるか！』

F　相性の合う人物に会わせて話し合いをさせる

相性が合えば楽しく、話に引き込まれたり、相手から学びとり、自分のために利用したくなる。

G　好きな相手から学び始めるということは、もうその人が心配のない人に変わりだしたと言える

H　ボランティア活動に参加させたい

元気と希望を与えるには、地域社会への奉仕活動に参加させると効果的である。

台風による水害や地くずれ、家屋の喪失など不幸に見舞われている人々に対して奉仕活動を行えば、本人の心は明るさを増し、元気をとりもどしやすい。同時に孤立した生活から脱却し、対人関係が良好に転じだすと同時に勇気を持ちやすい。またこの愛の行動は、良好な家庭を築く土台をつくる作用をするから、ぜひとも更生の手段として使いたい。

二十　人は変えることができる

一期一会、人は出会いで変化していく。思いを遂げると自信がつく。成功は本人の自信を強め、良いにつけ悪いにつけ行動力を増すと言える。

教育では良いことで競争の場を作り、成功させることが重要である。

その成功を一般の人や同僚の間で褒めてやることが、その人間を良い方向に変えてくれる。社会的な自信を得ることになり、このような自信を持つと、その人間の生活の仕方が変わり始める。そして、夢や目標に向かって行こうという覚悟ができてくるから不思議である。また困難をも乗り越えようという意志が生まれ、努力しはじめる。

褒めてもらった内容にもよるが、高学年ともなれば、自分の価値を知り、その道で生きることが、天より自分に与えられた使命だと感じるようにもなる。

　教育では、自分が努力すれば自分の力で前進できると思わせるような発達段階に応じた方途を与えれば、人は変えることができるのである。

おわりに

これまでの自身の体験と日頃の思いや願いを述べさせていただいた。もし共感していただけるところがあれば利用していただきたいし、共に研究を深めていきたいので、お便りをいただきたいと思っています。

また不十分どころか悪いと思われるところは、ご批判とご指導をいただきたいと思っております。

《本書の参考文献》

・能見正比古著『血液型でわかる相性』青春出版社。
・門馬寛明著『西洋占星術』光文社。
・高島易断所本部編纂『令和二年神宮館高島暦』神宮館。

著者紹介

野村鉦吉

1928 年生。愛知第二師範学校卒業。

昭和 28 年　教育論文「民主教育への歩み」により愛知県知事賞受賞。

昭和 52 年　放送教育論文「学校放送の利用」により NHK 会長賞受賞。

昭和 59 ～ 62 年　岡崎市立常磐東小学校校長をつとめる。

連絡先：

〒 444-2147

愛知県岡崎市西蔵前町峠 53

TEL.0564-45-2784

教育《きょういく》と一般的指導《いっぱんてきしどう》の改善《かいぜん》　―保護者《ほごしゃ》と教師《きょうし》の皆《みな》さんへ―

2020 年 5 月 25 日　初版発行

著　者　野《の》村《むら》鉦《しょう》吉《きち》

発行者　武馬久仁裕

印　刷　藤原印刷株式会社

製　本　協栄製本工業株式会社

発　行　所　株式会社　黎《れい》明《めい》書《しょ》房《ぼう》

〒460-0002　名古屋市中区丸の内 3-6-27　EBS ビル　☎ 052-962-3045

FAX 052-951-9065　振替・00880-1-59001

〒101-0047　東京連絡所・千代田区内神田 1-4-9　松苗ビル 4 階

☎ 03-3268-3470

落丁本・乱丁本はお取替します。　ISBN978-4-654-02336-3